本书由上海文化发展基金会图书出版专项基金资助出版

丝路考察图记

包铭新 著

SILU KAOCHA TUJI

东华大学出版社·上海

图书在版编目（CIP）数据

丝路考察图记 / 包铭新著，一上海：东华大学出版
社，2016.6
ISBN 978-7-5669-1048-6

Ⅰ．①丝… Ⅱ．①包… Ⅲ．①服装—历史—世
界—图集 Ⅳ．①TS941-091

中国版本图书馆CIP数据核字（2016）第099470号

责任编辑：马文娟
封面设计：风行水上

丝路考察图记
SILU KAOCHA TUJI

包铭新 著

出　　　版：东华大学出版社（上海市延安西路1882号　邮政编码：200051）
本社网址：http://www.dhupress.net
天猫旗舰店：http://dhdx.tmall.com
营销中心：021-62193056 62373056 62379558
经　　　销：新华书店上海发行所发行
印　　　刷：上海盛隆印务有限公司
开　　　本：889mm×1194mm　1/16
印　　　张：6.75
字　　　数：238千字
版　　　次：2016年6月第1版
印　　　次：2016年6月第1次印刷
书　　　号：ISBN 978-7-5669-1048-6 / TS•702
定　　　价：68.00元

序

　　我这次参加的考察是由中国丝绸博物馆和甘肃省博物馆联合发起的,目的是调查甘肃、陕西、宁夏和内蒙古境内的丝绸之路沿线的纺织品出土、保存以及出土地的现状,预期的成果是一本正式出版的考察报告和一个相关的大型展览。我以一个退休老师的身份被邀参加,并没有被分配任何具体的任务。我主动要求参加并被接受的理由,是我曾参加或主持了不少与丝绸之路相关的学术活动,大部分考察队员我都熟识,可以算是志同道合。

　　考察历时十余天。我们分别从上海、杭州和兰州等地出发,到陕西咸阳机场会合;然后一路向西向北,曲折前行,经扶风、宝鸡、平凉、固原、兰州、武威、张掖、额济纳旗、嘉峪关、酒泉、瓜州至敦煌。这是丝绸之路的一支在中国境内重要的一段。由于甘肃省博物馆派了精干勤勉的办公室魏万斗主任为领队,做了十分仔细妥贴的安排,我们所到之处都受到很好的接待,几乎总能看到我们想看的文物。在我的心目中,丝绸之路就是古代各种文明和文化交流、碰撞和融合的象征,而我们一路所经的山川大地就是见证,所见的文物古迹就是遗痕。

　　近十余年来,我专注于中国古代北方少数民族服饰的研究,曾提出中国古代服饰史一半是北方少数民族服饰史,或胡服史。这次考察途经之地,正是当年匈奴、吐蕃、回鹘、党项、鲜卑、契丹和蒙古族英雄叱咤风云之地,也是汉族人民与诸

多少数民族在战争和生产贸易活动中相争相和、时分时合的地方。一路上，从塔基梁间碑文墓志中跳出的诸多姓名，如宁文泰父子、奚康生、李暠、李元昊，都可以使自魏晋至宋元间的纷乱历史变得鲜活生动。岐山周原为周王室龙兴之地，也是儒家尊崇倡导的周礼的起点，是十六国南北朝时西凉和北周诸君主追慕儒教和借以治国的起因之一。遍布的佛寺佛塔，更见证了佛教和佛教艺术西来的历程。所有这些，都使得这次考察迥异于一般的旅行。

我自 20 世纪 60 年代起就养成记日记的习惯。在旅途中日记就变成了游记。由于多年来我一直喜欢并收藏中外水彩画，又由于我有幸与很多水彩画家成为好友，还有我的不少学生也是其中高手，在他们的影响、推动和指点下，退休后我也开始画一点水彩。哪知一画就不可收拾，在家几乎天天画，出门也总是带上画具。水彩是纸上作品，以水为颜料的载体，与中国的水墨画或设色画在感觉和技术上都有相近相通之处，对我有一种亲切之感。水彩画比较属于个人、比较纯粹，自己高兴画就画，比较容易摆脱功利心和使命感。水彩画比较适宜写生、适宜小作品，

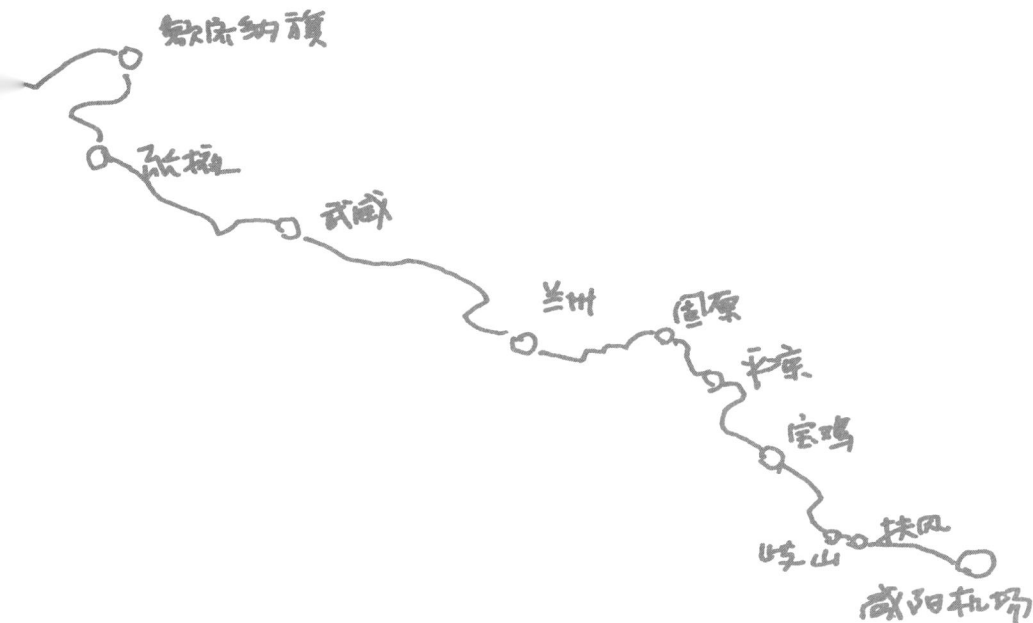

尺寸小一点，日常生活所遇、眼睛被吸引、心有所动，便可下笔，不必刻意构造，无关重大题材。这也与我目前的状况相宜。很多水彩作品，笔触轻松、色彩透明、风格优雅，接近处江湖之远的文人情怀，是我们所喜爱所向往的。这次考察途中，我在路上画了一些速写小品，回来后又根据一路用手机记录下的场景，补画了一些。潘思同先生曾说，水彩不宜多改，改后易脏，不如重画，他的《新安江工地》至少画了六次。我赞同先生的主张，挑出一些自己不满意又觉得可以改进的，试着用不同尺寸和肌理的纸重画，于是有了这本《丝路考察图记》。

　　我已近古稀之年，大病之后，能完成这样一次有意义的丝路之行，要感谢苏坤、薛雁和王乐诸队友的一路扶持。最后能成书，与大家分享路上的收获、感受和思考，则要感谢李薋为我整理初稿，蒋智威和马文娟为我操心编辑出版的各种事宜。

包铭新

2016 年 3 月

目 录

目录

一 法门寺

7月6日

丝路考察第一天。我们从上海浦东机场飞咸阳机场,然后不入西安,直接奔宝鸡市扶风县先登记入伴。宾馆夸张地取名叫作"伏波将军府",四周也全是空空荡荡的仿古建筑。同行的中国丝绸博物馆的薛雁研究员告诉我,几年前这里还是个古色古香的西北小城。我们放下行李,便匆匆赶往县城北 10 公里处的法门寺。

法门寺因舍利置塔,因塔建寺。据载始建于东汉末年,北魏时称阿育王寺。释迦摩尼于公元前 544 年涅槃,火化后得舍利 84000 颗。二百余年后古印度孔雀王朝阿育王造塔,分舍利于天下,以弘扬佛法。据《法苑珠林》记载,在中国境内有阿育王塔十九座,其中北周的"歧州岐山南塔"即法门寺塔。木塔四层,又称"真身舍利塔"。唐高祖武德七年(625 年)改名法门寺,沿用至今。明隆庆三年(1569 年),凤翔地震,木塔崩塌。万历七年(1579 年)由当地绅士杨禹臣等捐资重修,历时半个甲子,建成八棱十三级砖塔。清顺治十一年(1654 年)又因地震,塔身倾斜开裂,寺院失火被毁。民国二十八年(1939 年)曾经大规模修缮。

1976 年松潘地震，波及寺塔，受损严重。至 1981 年塔顶坠落，仅余半个塔身。1987 年用钢筋水泥重建，所幸外观上完全按照明代原貌。我们现在面对之塔即此。浅灰塔身高高矗立，尚有唐宋余韵，观感颇不恶；其余楼殿多灰瓦白墙，朱樑朱柱；大门外则除砖墙白墙外，虽有朱墙朱门，但无画樑雕栋。我最不喜欢的是"合十舍利塔"设计，总建筑面积近八万平方米，花费超过五十亿人民币，造出一个几何形状的庞然大物，看上去实在突兀。前面还修了一条长千余米、宽百余米的佛光大道。《心经》所谓"诸法空相，不生不灭，不垢不净，不增不减"云云，不知作何解。

法门寺内有博物馆，或称珍宝馆，以 1987 年地宫出土之文物精华最引人注目。其中的佛指骨舍利因为是"世界唯一"，自然是宝中之宝。舍利之重要之精彩，俗眼难识；但那贮存舍利的八重宝函，其材质、其工艺都足以让人目眩神移、津津乐道，再加上很多与此相关的金银器，极其奢华讲究，又多有錾刻铭文，说明其身份是出自皇室权贵之供奉物。仅唐代就有高宗和武则天等八位帝王的六迎二送舍利，每次送迎之后，地宫中又会增加多少宝物，而如今都是最高级别的文物。唐代以料子形式存世的染织物较多，而服装出土极少，治中国古代服饰史的学者只能更多地依赖文献和图像。法门寺地宫出土了很多唐代染织服饰，引起了服饰史学者很大的关注。在地宫中出土的七百余件（组）丝织品中，包括锦、绫、罗、绢等组织结构不同的品种，并被施以绣花、贴金和描金的装饰工艺。捻金线则被用于刺绣和织金。这些织物中，究竟有多少是块料或匹料、多少是衣服，还没有明确的答案。在一块一起出土的随葬衣物账碑中，可以读到很多相关的名目。在博物馆展出说明中使用的名目，如巾帽类之"绣幞""花罗夹幞头""绘罗单幞头"、袍类的"夹可幅长袖""可幅绫披袍""纹縠披衫"、披帛类的"幞臂钩""可幅勒腕子""方帛子""缭绫锦"、袜类的"接袎""织成绮长袎袜"、鞋类的"蹙金鞋""紫靲鞋"、等等，都十分有趣，如能与出土实物逐一对应，则将是染织服饰名物研究的重要材料。还有一件武则天供奉的裙,其研究价值很高,大家都给予了很大的期待。可惜这次出土的丝织物大多数状态太差,尚未完成揭取,还不能供专家研究和公众参观。但是,我们还是有幸目睹了一组保存完好的"红罗地蹙金绣随捧真身菩萨佛衣"。佛衣多在重大祭祀典礼中披挂于神像之上,其尺寸则随神像之大小而异。这组佛衣包括衣裙袈裟等五件。上衣对襟宽袖如半臂;裙则前有裙门,向后围系;袈裟为水田格。它们的尺寸都很小,或与佛舍利及其宝函的尺寸相关。新疆阿斯塔那曾出土一件女俑,身着丝织衣裙,腰带为缂丝所制。情形与此相仿佛。

晚上宾馆附近有搭台表演流行歌舞的,亦有摆摊售卖啤酒烧烤的,颇为喧闹。

法门寺真舍利塔

二　岐山周原凤雏遗址

7月7日

　　从扶风去宝鸡,并不需经过岐山。因时间比较宽裕,临时决定去周原博物馆看看。

　　周原是周人龙兴之地。《诗经·大雅》中以"绵绵瓜瓞"为比兴的那首,记载了"古公亶父,来朝走马,率西水浒,至于岐下"。周人建立的是一个农耕社会。车行于关中平原,此地号称八百里秦川,我们一路上所见的是肥沃的农田。虽然有河谷和窑洞齐列的土坡,地势大致是平坦的,真所谓"周原膴膴"。此地一直以黄土地著称,但刚刚翻耕过的田里却是一垄一垄的紫黑色,映衬着其间东一块西一块已经长着麦苗的嫩绿,让人心里充满了喜悦。

　　到达周原博物馆,被告知正在扩建中,馆里无可参观处。副馆长齐浩带大家步行来到数百米外的周原遗址考古发掘现场。地面建筑已一无所有,地面却挖掘着深深浅浅的探方、探坑和探沟,使人可以揣摩原来建筑的大致布局和方位。此处出土了大量甲骨文碎片,刻辞多简短,内容则反映了商周之际乃至周初的历史。我一直只知道商代有甲骨文,商人迷信用之记录占卜。这真是孤陋

寡闻了。所以历史是连续的,分期并不是斩钉截铁般分明。此地还有规模较大的入周商人墓地。周灭商,迁相当数量的商人于此,其中大多数是身怀技艺和有特长的人。

工地旁边有一块被红砖墙围住的地方,齐浩介绍这就是凤雏遗址。从一扇铁门进去,顺着两旁有杨柳树夹峙的小道行不多时,便是一片开阔平地,颇似一个大院落。地面建筑同样一无所有,唯见在阳光和微风中摇曳的高高的野草和小小的野花。考古工作者却能无中生有般地指出此乃门道前堂,彼乃过廊后室,东西两侧则有厢房。凡此种种,也都与诗经中"筑室于兹"的描述相符。

告别齐浩,一车人继续往宝鸡去。途中大家似乎被周文化的肃穆温雅气氛所感染,少了许多喧闹。忽然想起除了西周和东周,此地还曾兴起过一个鲜卑政权北周,距今也有一千数百年,宇文泰父子追慕周代文明,不但取国号为周,施政亦多仿周制。我们在路上还遇到农民开着拖拉机运稻草,把路堵上了。我们的司机并未鸣喇叭,双方甚至没有用语言交涉。我们静静地停车等待,对方静静地把车挪开,然后大家各走各的路。

扶风去岐山途中

周原上的土坡和窑洞

赴周原途中遇拖拉机让路

凤雏遗址入口

凤雏遗址围墙内的野草野花

三 宝鸡青铜器博物馆

离开岐山县去宝鸡市,开车不到一小时。车入宝鸡市内,眼睛为之一亮。没有很多新的高楼,但市容整洁大方,有一种新中国初期建设形成的精神风貌。城市建筑和布局颇有个性,没有掉入千城一面的陷阱。而且,宝鸡事实上是一个历史特别悠久的城市。陈仓、雍城、扶风和凤翔等弥散着古代气息的地名,都指向如今的宝鸡市。

走进宝鸡青铜器博物馆看看,更加证明了这一点。号称"中国青铜四大重器"的毛公鼎、大盂鼎、散氏盘和虢季子盘,都出土于宝鸡(现已分藏于中国国家博物馆和台北故宫博物院)。但如今馆内依然庋藏有何尊、折觥、厉王胡簋、墙盘和逨盉等重要青铜器。特别是何尊,这是一件西周早期的文物,尊底铭文中首次出现了作为地理名称的"中国"两字。上海博物馆马承原在《文物》上发表了《何尊铭文初释》,指出这件青铜器及其铭文非同寻常的重要性。复旦大学葛兆光以《宅兹中国》为题,撰写了《重建有关"中国"的历史论述》的重要著作,以回应中国所面临的现代民族国家合法性的质疑和挑战。

宝鸡青铜器博物院新馆于五年前落成。其主体建筑近看气势雄伟,身处其

中,则时见设计者的匠心和建设者的专心。建筑之间的小空间如庭院般种上几排竹子,在钢筋水泥几何体边上摇曳生姿,颇有一点情调。第二天驾车离开宝鸡时回首远观,则觉得主楼顶上那斜出的巨大圆台有些突兀。设计者称这是在"造型上把石鼓和铜镜巧妙结合……其用意旨在突出周秦之风、金石之韵"。私以为博物馆馆舍"设计要考虑文物的储藏、保管、陈列等功能,造型则要符合自身规律和环境要求"。"周秦之风、金石之韵"等视觉的象征性还是要含蓄些。一个博物馆的主旨和精神最终要以其陈列展示和学术成果来表现。

宝鸡青铜博物馆一角

四 南石窟寺

7月8日

一早出发去平凉泾川,宝鸡至平凉约200公里。穿过秦岭隧道,即由陕入甘。

泾川县属平凉市,地处平陇之交,为丝绸之路上的重镇。南石窟寺在泾川县城东不到十公里处,北魏永平三年(510年)泾州刺史奚康生始建。泾川县于北魏时分属泾州和安定郡。奚康生《魏书》有传,称他为"河南阳翟人也。本姓达奚,其先居代,世为部落大人"。代国为北魏前身,奚氏应该属于汉化程度较高的鲜卑贵族。奚康生"少骁武,弯弓十石,矢异常箭,为当时所服",太和初年曾为前驱军主,抵抗蠕蠕(柔然)族入侵。后随孝文帝出征钟离,在孝文帝孤军深入时,缚筏积柴、借风纵火、烧敌船舰,使形势立转。后又随章武王拓拔彬讨伐吐京胡,当时共分五军,四军皆败,奚康生所领军独胜,并射死敌军首领辛支王。奚康生屡立战功,因功升迁,历任泾川等四州刺史、平西将军、光禄卿、领右卫将军等。奚康生作为武将,杀人较多。他或因此忏悔,笃信佛教,几次舍宅为寺塔。在泾州刺史任上,他修建了南石窟寺,同时还建造了相距不足百里的北石窟寺(永平二年即509年)。他几乎在外放的每一任上都曾修建佛寺。战乱之时,人生如浮萍,无所依托,朝不保夕。不管是帝王权贵,还是草根民众,都需要借宗教以求解脱。

　　南石窟寺亦在修缮，但仍允许我们入内参观。现存石窟在泾河北岸之山崖上，有铁链围栏之石级，虽窄逼仍可攀援而上。崖为红砂岩，风化较严重。其中1号东大窟为主窟，长方形，高十米有余，故其中立像亦高达七米。赖前壁上方有窗，故窟虽深达十数米，而内部自然光照甚佳。诸佛环立，虽有残损，风姿不减。

　　离开南石窟寺去泾川县博物馆。馆虽小且陈旧，寄居于城隍庙院内，民国时期已经成为古物陈列所，但馆藏文物丰富。尤为令人注目的乃一批出土之窖藏佛像，以石刻为主，亦有少量陶制和泥塑者，2013年出土于大云寺遗址。这些佛像约二百七十余件，完整者极少，残缺者多，有的仅剩首、手、臂等。但彩绘贴金，十分精美，似乎象征了粉身碎骨舍己救人的佛家精神。据考证，这些佛像多属北朝隋唐时期。另有北宋大中祥符六年之陶棺出土于窖藏坑东侧。佛像窖藏当与历代灭佛事件相关。在此期间，分别有四次大的灭佛运动，乃所谓的"三武一宗"，即北魏太武帝拓拔焘、北周武帝宇文邕、后周世宗柴荣和唐武宗李炎四人所发起的。因都有毁寺撤庙之举，故相应地发生了秘密埋藏佛经佛像的活动。山东青州龙兴寺亦有相似的窖藏被发现，数量规模更大。

　　我们也去了这批窖藏的出土地点大云寺。大云寺在隋代称大兴国寺，后又称龙兴寺。地上建筑俱为新建，但尚存原来的舍利塔下的地宫。地宫中出土有石函，复斗型函盖上刻有"大周泾州大云寺舍利之函总一十四粒"的铭文。石函内有铜匣，匣内有银椁，椁内有金棺，棺内有一琉璃瓶，内盛白色晶体状舍利子十四粒。这对研究佛教仪轨和制度十分宝贵。此地另有宋代僧人化三十年之功所募集之数千粒舍利，但其来源和时间都不易确定。

　　然后我们驱车去平凉市，参观了平凉博物馆，并参观了库房。展示及库藏文物以铜、石器和陶器为主，佛、道教文物较多。这一带遗址出土物，多移置于此，如崆峒禅佛寺出土的北魏造像石塔，泾川汉罗洞出土的北周舍利瓶，泾川水泉寺出土的唐代舍利宝函，等等。此外，几件明代的佛教造像十分精美，如三面三十六臂观音像和北天王像等，虽有残损，仍奕奕有神，令人注目，不舍离去。

南石窟寺塑像

南石窟寺

五　崆峒山

7月9日

上午八点出发去崆峒山。山在平凉市西12公里处,离我们的住地并不远。但司机说山路曲折盘旋,且窄而陡,所以要求早一点出门。

初识崆峒山之名于金庸小说,因此在潜意识中它与剑侠兼道士的形象联系在一起。金庸笔下的崆峒派好像不是什么正宗门派(记不清),所以连累了崆峒山,在我心里也带点诡异色彩。

刚到山脚下就开始下雨了,温度也有点低。"山色空濛雨亦奇",大家的兴致还很高,在路边小店里买件雨衣就爬山了。山里的空气清新而凉爽,拾级而上,心情大好。但此山确实陡,台阶每一级的上升高度比较大,估计有三十多厘米。我行至半山腰就感到力不从心,在拐角处的茶棚里买一份盖碗茶加瓜子花生之类,坐着喝,一面仰望年轻的同行继续说笑着前行,忽然感到这情景很有一点象征意义。崆峒山是宗教信仰的圣地,山上有佛教寺院十九处,但更多的是道观,据载在崆峒山修炼的广成子是老子的前身,所以崆峒山又有"天下道教第一山"之称。林木间时不时露出殿顶檐角。此地的宗教建筑多灰调,并没有那种金碧辉煌的气势,这一点却让我喜欢,以为与周围的山水蛮相称。

雨渐大而峰峦间水气氤氲,但天色并不暗淡,风一吹,那云缭雾绕的山头一个个又浮现出来。

我一边喝茶一边浏览这云山图卷,忽见一老道白髯过胸气宇轩昂地走来,正犹豫着要不要起身作礼,他却径直擦身而过,走向路边,撩起道袍朝一处竹林小解。我只好转过头去,"莫听穿林打叶声"了。

崆峒山之一　目送年轻同行登顶

崆峒山之二　山色空濛

六　固原博物馆

7月9日

　　下崆峒山后即驱车向固原,穿过长长的六盘山隧道,便进入了宁夏回族自治区地界。固原市位于六盘山北麓之清水河畔,古代曾名高平、萧关和原州等。北魏太延三年(436年)置高平镇,正光五年(524年)改置原州。530年,北周创立者宇文泰以步兵校尉之职随贺拔岳入关,以功迁征西将军,行原州事。当时关陇二州凋敝,宇文泰抚以恩信,民皆感悦。所以固原是北周的根据地,虽然地处黄土高原的腹地,却也曾是历史上的重镇和古丝绸之路上的咽喉要冲。

　　固原市不大,却拥有一个国家一级博物馆,以收藏不同民族的历史文物和丝绸之路文物为特色,它的名字简单朴素,就叫固原博物馆。博物馆内有一级文物一百二十三件、国宝三件,其中以北魏、西魏、北周和隋唐时期的为特色,反映了这段时期固原市所辖区域内各民族人民交往碰撞所留下的痕迹。

　　固原博物馆所藏的三件国宝中,两件出自李贤夫妇墓。李贤乃北魏和北周的重臣。他原为陇西成纪人,因祖父李斌镇守高平而迁居于此。后李贤历任原州主簿、高平令和原州刺史。他在原州任上能爱民,有政绩。北魏末年,群雄并起,在宇文泰与高欢、侯莫陈崇诸人的斗争中,李贤站在宇文泰一边,立有大功,深得宇文泰信任。宇文泰曾将襁褓中的宇文邕和宇文觉寄放在李家。宇文邕继位并亲政后,思李贤旧恩,愈加亲信。北周天和四年(569年),李贤死,被追赠持使节柱国大将军、大都督河西公等头衔。墓中所出的鎏金银壶,其纹饰为希腊风格的人物故事;另一件突钉玻璃碗,则具有波斯萨珊王朝的风格。另一件国宝是漆画棺,年代约在北魏太和十年(486年),画中人物作鲜卑装束,没有响应孝文帝元弘推广汉人服饰的政策,墓主或为立场保守的鲜卑贵族。此外,在位于固原市南郊的北朝隋唐史氏家族墓群中(墓主为史射勿、史索岩、史道洛、史诃耽等,共六座),发现有很多异国情调的器物,如史诃耽夫妇合葬墓中出土的天蓝色宝石印章、小玻璃碗、金戒指和萨珊王朝银币。这个家族与李贤家族亦有关联。其中史射勿于北周天和二年被授都督,于隋开皇年间(581—600年)曾跟随李贤第四子李轨出征突厥,大业元年(605年)被授右领军骠骑将军,大业五年病死,大业六年正月下葬。葬地当时地名为"平凉郡咸阳乡贤良里",今位于固原市南郊乡小马庄村西北。墓道两壁绘有执刀侍卫,与李贤墓中所见相仿佛。

固原博物馆于1983年由固原县文物工作站改建而成,1988年9月正式开放。馆址占地四万余平方米,目前还在扩建中。现有主体建筑为仿古风格,设计并不出色,实在配不上如此精彩的馆内藏品。馆内树荫草丛中可见散置的石俑石马,多处殿前石阶两旁有成对石狮,廊下还有铁钟铁缸。徜徉其间,颇触发人思古之幽情。

固原博物馆之一　树荫草丛中的石马

固原博物馆之二　台阶两侧的石狮

七　须弥山石窟

7月10日

　　从固原市出发去须弥山约 50 公里。车刚从高速公路下来转入一条支路，就看到了一大片绿色水面，那应该就是古称石门水的寺口子河。河两岸群山夹峙，峰峦起伏，植被茂密，地势开阔，景色恢宏。

　　须弥山是梵语 Sumeru 的音译，意为宝山，由金、银、琉璃和水晶四宝构成。《起世因本经》称半山有四大天王宫，山顶有帝释所居之三十三天诸宫殿。须弥山的译名由来已久，这三个汉字组成的名词本身已具有浓重的佛教色彩及相关意象。此山何时得称"须弥"二字便成为途中我心里的一个疑问。同行中有甘肃省博物馆俄军馆长，当地文博系统亦有专业人员出来照应。叩问之下，知悉此地初称"逢义山"，唐代以"景云寺"为指代，后又有"需米山"之俗称。至于何时被书写为"须弥山"，已难考证。但始修于雍正七年（1729 年），刊刻竣工于乾隆元年（1736年）的《甘肃通志》载："州北九十里须弥山上有古寺，松柏郁然， 即古石门关遗址。"说明至少此名称亦使用颇久，并非现代好事者杜撰。

　　须弥山石窟据称始建于北魏孝文帝太和年间（477—499 年）。此说亦无确证，乃从石窟形制及雕像风格推断。孝文帝拓拔宏是一位有着重大历史影响的帝王。他虽为鲜卑人,却大力推行"汉化"政策,从鲜卑贵族习惯生活的平城迁都汉文化影响至深的洛阳,实行"俸禄制"、"三长制"和"均田制",提倡穿汉服,甚至把自己的姓氏从"拓拔"改为"元"。秀骨清相褒衣博带式的中原佛像造型特征的形成,与孝文帝还颇有一点关系。

此后,须弥山石窟在北周和唐代曾兴盛一时,之后历代亦有重修。如今在须弥山有沟壑相连的八座山头尚存一百多处石窟,修建在红砂岩上,多有风化,再加上"文化大革命时期"中受到破坏,面目不清者居多。我们先后进洞参观了圆光寺的北周诸窟、相国寺的隋唐石窟,最后在阳光下站在第五窟大佛楼前,仰视高达二十米有余的倚坐佛像,而慈祥的佛容躲在龛顶阴影中,更显得柔和。环视四周,近处的桃花沟郁郁葱葱,远处则是寺口子水库。

随后到对面山坡上匆匆看了"须弥山博物馆",博物馆内陈列多非考古文物。

须弥山位于中原通往河西走廊和西域的咽喉之地,亦为丝绸之路东段北路上的一个重要枢纽。丝路上的诸多石窟则是佛教借助图像广为传播的物证。

须弥山之一 寺口子河

须弥山之二　阳光照进唐代石窟

须弥山之三　慈祥的佛容躲在龛顶阴影中

须弥山之四　桃花沟

须弥山之五　远眺

八　炳灵寺石窟

7月11日

　　从兰州去炳灵寺,需要先坐车到刘家峡水库(约80公里),再从水路行50公里后上岸步行。我是旧地重游,没有惊喜,仍有期待。刘家峡水库乃是将黄河行至黄土高原兰州附近崇山峻岭间的一段筑坝截流蓄水而建。水库水面开阔,群山围绕,清波荡漾,景色壮丽。坐快艇不用一小时便可抵达。

　　炳灵寺石窟位于甘肃省临夏回族自治州永靖县西南积石山大寺沟西侧的崖壁之上,岸边沟壑多绿树,杨柳成行;山上则崖壁裸露,呈土红色,应该亦以红砂岩为主体成分。

　　炳灵寺石窟有寺之名,却并无多少寺庙建筑,主要以石窟取胜。早期名"唐述窟",根据是北魏郦道元《水经注》中"河峡崖旁有两窟,一曰唐述窟,高四十五丈,以西两里有时亮窟"的记载。不知那"时亮窟"在不在如今的炳灵寺石窟范围内。"唐述"为羌语音译,意为"魔窟"。唐代名"龙兴寺",宋代名"灵岩寺",明永乐名"炳灵寺"。"炳灵"为藏语音译,"仙巴炳林"之简略,指"十万弥勒洲"。唐代此地曾入吐蕃王朝版图,吐蕃人曾在此凿窟造像。元代前期,萨迦派和后期的噶举派以及明初

的格鲁派,都曾在此塑造图像,宣讲佛法。所以,炳灵寺受藏族文化和藏传佛教的影响是悠久深远的。

炳林寺石窟初建于西秦。第 169 窟第六龛存有"建弘元年(420 年)岁在玄枵三月二十四日造"的墨书题记。西秦为鲜卑(或称为匈奴"赀虏")乞伏氏政权,自 385 年立国至 439 年灭亡,共历时四十五年。其间,公元 400 年时曾被后秦所灭,九年后复国。西秦共分四主,开国者为乞伏国仁,继位者为其弟乞伏乾归,第三位乃乾归之子炽磐,第四位是炽磐之子慕末。建宏元年是乞伏炽磐执政期间,也是西秦最强盛之时。炽磐迁都于枹罕,正在临夏东北距炳林寺不远。西秦没有荒淫昏庸之君,四位国主都勇猛善战、足智多谋,堪称乱世之枭雄。惜强敌四环,国祚不永。乞伏炽磐曾以名儒焦遗为太师,接受并推广儒家文化。乞伏慕末则"幼而好学,有文才"。乞伏氏崇尚佛教,供养西域僧昙摩毗和禅僧玄高、昙弘、玄绍为国师。399 年,法显、慧景、道整、慧应、慧嵬曾留驻西秦三个月,此地俨然成为陇西佛教活动的中心。炳灵寺石窟供养像中有"大禅师昙摩毗之像"的题记。

炳灵寺石窟现存窟龛一百八十二个,石造像六百九十四身,泥塑八十二身。除 196 窟及其下方的唐代大佛外,其余规模尺寸均较小。但延绵数里,一路走去,令人目不暇接。且水草肥美,林木茂盛,峰峦奇兀,一派祥和,有佛国气象。窟龛造像虽多残损,且经历代多次修缮重建,已不复本来面目,但它建造最早、题记明确、风格多样,不失为中国佛教艺术的一大宝库。

刘家峡水库

炳灵寺石窟

九　甘肃省博物馆

7月11日

下午从炳灵寺归来已近五点,于是抓紧时间去了甘肃省博物馆。馆长俄军在大厅为大家简单介绍,然后由讲解员陪同大家看展。但由于大家兴趣各异,一会儿人就散开了。此地我曾来过几次,上次来有敦煌研究院的赵声良博士陪同,他对甘肃省文物非常熟悉,如数家珍。

甘肃省博是老馆也是大馆,1939年中英庚子赔款董事会建立的甘肃省科学教育馆是它的前身,1956年改用现名,2006年建新馆于现址,场地建筑都一如近年涌现的北方新馆之巨大。甘肃省博馆藏丰富,多教科书级的重器精品。一是彩陶,仰韶文化和马家窑文化的代表器物,很多庋藏和展出于此,如仰韶遗址出土的人头形器口瓶、甘谷西坪遗址出土的鲵鱼纹平底瓶等。二是青铜器,最著名的是雷台汉墓出土的"马踏飞燕",其实同地出土的铜车马仪仗队也很精彩。三是汉唐丝绸,虽不是甘肃省博的重点,却是我们特别关注的。武威石磨子汉墓出土的一块刺绣残片,此地专家释作"屯成人物图",绢地上尚留有打稿时墨线残痕。平针绣二人,着窄袖袍或右衽袍,戴单梁冠或披长发。背景中有营寨门,列

立戟、戈和盾,造型稚拙,十分有趣。以前我从未见过此题材此风格的古代刺绣。甘肃省内的古代刺绣,给我留下最深刻印象的,除此件之外,就是现藏于敦煌研究所的北魏供养人绣片,那是 1965 年在莫高窟第 125 窟、126 窟前的石缝中被发现的。四是汉代木雕。西汉木雕似不太注重造型的准确,但更奇特,更富于想象力。武威磨咀子汉墓出土的一批,现在都收藏在甘肃省博。那组三人家庭俑,以大刀阔斧雕出体块,涂白后用墨线勾勒,线条亦利索,寥寥几笔,效果强烈,刻划出人物肃穆的神态。另一组彩绘六博戏对俑,刻削仍简洁,但对细节略加注重,表现出汉代注重礼仪的人们在游戏时流露出的真情。这使我想起 2003 年江苏泗阳出土的泗水王陵中的西汉木雕。那是一种完全不同的风格,造型圆浑,比例夸张,强调动态和力度,表现出一种很强的浪漫主义精神。汉代木雕呈现那么多不同的面貌,达到了这么高的水准,值得我们好好研究和学习。

底楼展厅正好有一个海上丝绸之路的展览,是甘肃与三亚合办的。展品多来自水下考古所获文物,以瓷器和沉船为主,其中宋代的贸易瓷引人注目,有些瓷器已经与珊瑚贝壳等连成一体。

甘肃省博物馆　西汉木雕

十　天梯山石窟

　　从兰州去武威近 300 公里,车行三个多小时。雨,天气骤凉。天梯山在武威市南约 50 公里处,未入城,径直去石窟。至黄羊河畔,路渐窄,且在修,终于车不能前行,大家下车步行在泥泞的路上。行数百米后,又被告知石窟正在修缮,不开放。遂返身进入一陈列馆,内有图片等复制品,聊作望梅之想。

　　天梯山石窟营建时间较长,从北凉到北魏、东西魏、北齐北周、隋唐、西夏到明清,一直延续开凿修建。一般认为,此处即史籍中所谓"凉州石窟"所在之地,由北凉沮渠蒙逊王室所创建。沮渠蒙逊乃匈奴左沮渠之后,以官职为姓,世居张掖卢水为豪酋,其先辈皆雄健有勇名。张掖为后凉吕光所据。吕光听凭谗言,杀蒙逊伯父沮渠罗仇和沮渠麹粥。蒙逊于是起兵反抗吕光。从兄沮渠男成亦起兵响应,推建康太守段业为主,对抗吕光。401 年,沮渠蒙逊杀死段业。而吕光已于两年前病死,诸子不和互相攻杀,后凉势力日弱。沮渠蒙逊遂称雄于凉州。412 年,他从张掖迁都于姑臧,随即称河西王,建北凉政权,置百官及建制一如吕光故事。沮渠蒙逊死于 433 年,六年后北魏灭北凉。

天梯山石窟创建时间被推定在 412 年蒙逊称王至 439 年北凉亡国之间。有记载称蒙逊迁都称王之后就开始营建宫室和开凿石窟，一年后其母车氏卒，他曾在石窟中作一佛似哭泣以示哀，这也开了以帝王形象塑佛的先河。所谓佛教艺术的"凉州模式"应该形成于此期间。439 年，北魏太武帝拓拔焘灭北凉。因拓拔焘灭佛，凉州有大批僧人散出，一路东往平城洛阳，一路西去敦煌。他们当中就有昙曜，在平城开凿了著名的"昙曜五窟"，窟中各有一尊大佛，象征了北魏的五代皇帝。日渐中土化的佛教石窟艺术就这样传播于四方，改变了中国早期佛教艺术的外来面目。在著名的龙门石窟和莫高窟中，也可以看到天梯山石窟的直接影响。

天梯山石窟与莫高窟石窟，除了上述风格上的源流关系之外，在一千多年后还有过一段因缘。1959 年为了修建黄羊河水库，政府决定对天梯山石窟中的雕塑和壁画进行搬迁。幸好这个工作是由常书鸿为首的敦煌研究院的专家主要承担的。我们在陈列室中看到当年常书鸿、李承仙、孙儒僩、万庚育、李云鹤等前辈在天梯山工作的黑白老照片，不由得感慨万分！

走出陈列馆，站在黄羊河畔，远眺修缮中的石窟，依稀可见窟口的脚手架和零星走动着的工人。心中祝愿文物能早日回归原址，天梯山石窟能尽可能地恢复旧貌。

天梯山石窟远眺

武威雷台上的明清建筑

十一　凉州文庙

7月12日

凉州文庙在武威市内,位于城区东南角的崇文街上,坐北朝南。东侧为文昌宫,西面为凉州府儒学院,如今都合为一体。三组建筑群占地约三万平方米,显得宽敞恢宏。

凉州文庙或言初建于西夏时期。然历经世变,已难确考。明代正统二年至四年(1437—1439年)重建时立《凉州卫儒学记》,亦仅言"凉州河西胜地,初当有学"。经成化六年(1470年)再修,更使"庙貌狰狞,神光焯耀,巍然焕然……精致如式,伟丽莫比"(《重修凉州卫儒学记》)。明清两代朝廷对凉州文庙重视有加,清代顺治、康熙、雍正、乾隆和道光都曾加以修缮,使之能维持"规模宏大,气象雄壮"的状态,而祭孔活动也一直在此中规中矩地举行。民国时期地方官绅勉力维护,使庙宇尚存,祭祀仍行。现在凉州文庙被列入全国重点保护单位。进入后可见庙宇肃穆古树森森,仍保存一定的明清气象,有人甚至认为还有宋元遗韵。武威市博物馆所藏西夏文物亦颇令人注目。其中首推西夏文与汉文对照(分刻于碑之阴阳面)之《重修凉州护国寺感通塔碑》,现移置于文庙殿廊之下。此碑立于西夏崇宗天祐民安五年（1094 年），对破译西夏文起了比较重要的作用。此外还有木缘塔、木版画、金碗和银币等西夏文物。

　　从凉州文庙出来，我们去了雷台汉文化博物馆。馆内有东汉末年的砖室墓汉墓一号和汉墓二号，地下墓室可进入参观，但其中几乎空无一物。著名的青铜器"马踏飞燕"就是在 1969 年出土于一号汉墓的，其形象已成为甘肃旅游乃至中国旅游的标志。所谓雷台乃前凉（301—375 年）成王张茂所筑，原名灵均台。台上尚存明清时期的古建筑群，如雷祖殿和三星斗姆殿，围绕以参天古树，其中以国槐居多，颇可一游。但其中几棵大树已枯死，并以水泥保护之，有一点煞风景。

凉州文庙之一

凉州文庙之二

十二　武威白塔寺

7月12日

　　离开天梯山石窟,立即前往白塔寺。同名的古塔不少,最有名的或为北京那座亦称妙应寺的白塔寺。但是,位于武威市东南约20公里武南镇的这座白塔,对我们却有着特别的意义。

　　顺着一条笔直的大道驶近白塔寺遗址。这里果然地势开阔,远远就能看见高高低低的塔林。可惜这些白塔均为新建,比较简陋,应该就是水泥塔体外刷上白色涂料。塔共一百座,故专程赶来的管理处工作人员介绍说,白塔寺又名百塔寺。这些新建之塔外貌虽然不足观,里面却蕴藏着一段意义非凡的历史,使我们感到不虚此行。

　　1227年,蒙古大军灭西夏,也占领了西夏陪都凉州(即今武威)。1229年,窝阔台继汗位,以其子阔端镇凉州。1239年,阔端遣多达那波率领大军进乌思藏(即今西藏),前锋直抵藏北热振寺。多达那波调查研究了当地情势之后,建议阔端以武力为后盾与西藏谈判,而不是直接进攻,并选择萨迦派的班智达 · 贡噶坚赞为西藏各地僧俗势力的代表。1244年,萨迦班智达亲自前往凉州,于1246年到达,并于

1247 年见到了阔端。他们进行了被史家称为"凉州会谈"的重大谈判,谈判的结果又经过西藏地方各种割据势力的讨论被接受。从此,西藏确定了与先是大蒙古国、后为元朝(1271 年)的从属关系,接受中央政府为西藏所规定的各项制度,包括委派的官员和缴纳贡赋。这一事件,对当时当地人民而言,是避免了一场战祸(想一想蒙古大军挥戈所指之处人民所受的灾难),对后世而言,则是西藏与中原地区的从属管辖关系第一次和平地以文字的形式(《萨迦班智达致蕃人书》)确定下来,在《萨迦世系史》中有了完整的记录,其基本精神在此后的七百余年中为历朝历代政府所继承。

　　萨迦班智达于 1251 年圆寂后,阔端为他按照藏传佛教的形式建造了佛塔,安放他的灵骨。塔高四十余米,四周环以九十九座小佛塔。元代此地有寺院塔林,占地近三万亩,四座城门八座烽墩,号称"凉州佛城"。元末战乱而寺塔俱毁。明宣德和清康熙年间曾两次重修。1927 年凉州大地震,塔倒寺圮,仅剩灵骨塔基和三块碑,分别是明宣德五年(1430 年)的《重修凉州白塔志》宣德六年(1431 年)的《建塔志》和清康熙二十一年(1682 年)的《重修白塔碑记》,这些我们都一一瞻仰拜读。那佛塔的塔基在遗址的最后面,尚存数米之高。正面看砌砖较齐整,从砖色看亦可知已作较多的修补。转到背后,则砖土斑驳相杂、纵横倾斜,保存了更多的原貌。此遗址处偏僻之地,修建投入亦不算多,似可加大投入更加精心地加以修缮,以纪念这里曾经发生的重要事件。

萨迦班智达灵骨塔之残基

十三　张掖大佛寺

7月13日

　　从威武到张掖 260 公里。车行于河西走廊,两旁的景色颇有异于一般人对大西北的刻板印象。远方有连绵不断的群山,后面的山呈青灰色,前面的山似有些许植被,故呈黄绿相间的调子。南边的应该是祁连山,而北边的是合黎山。山脚下即平地,种着一排排的树,或东一丛西一丛勉强可称为小树林的树,树都不大。这里也一直是兵家必争之地,战火毁灭了很多树长大的希望。再近些就是阡陌纵横的农田。虽偶见荒坡石滩,亦有杂草野树,在黄色和灰色中生发出绿意。河西走廊是绿色的,虽然不是江南的那种绿。

　　张掖有大佛寺,也是我很想来的地方。始建于西夏永安元年(1098 年)的大佛寺,初名迦叶如来寺,明永乐九年(1411 年)敕改宝觉寺,康熙十七年(1678 年)又敕改宏仁寺。虽然地处偏远,这却是一座受到帝王关注的寺。西夏太后经常去居住,元世祖忽必烈和元顺帝妥欢帖睦尔都出生于此,据说。寺内有木胎泥塑的卧佛,作释迦牟尼涅槃的情境,乃亚洲最大室内卧佛,最受百姓关注,故俗称大佛寺或睡佛寺。

　　我比较感兴趣的是寺内所藏佛经。明正统十年（1445年），明英宗朱祁镇遣使将一部《大明三藏圣教北藏经》共六千余卷颁赐大佛寺，五年后送抵张掖。明代永乐至万历年间，宫庭刊印多部大藏经，分送全国各大寺院，有人认为这是永乐皇帝朱棣在争夺皇位的斗争中杀戮太重而引发的忏悔性质的举动。然而此经如今已成为国内所藏最为完善的北藏经。当时的"钦差镇守甘肃御马监太监兼尚宝监太监"王贵捐资从中抄写了一部《大般若波罗蜜多心经》，现存近八百册，全部用绀青纸泥金恭楷手写，册首又有线条细密圆转的曼荼罗图案，十分精美。赵朴初和宿白见后都赞其为国之瑰宝。明代佛经封面，常用锦绣绫罗为装褾材料，被业内称为"经皮子"。上述佛经中，有一部分就是用这种奢华的经皮子所装帧，其本身就是研究明代丝绸品种的重要材料。我们这次考察的发起人之一是中国丝绸博物馆的赵丰。赵丰多年前有一位学生阙碧芬，其博士论文就以数百枚明代经皮子为研究材料。赵丰的另外两个学生徐铮和王乐，正要出版一部明代佛经封面织绣的新书，所用材料是美国费城美术馆等几家机构所藏的经皮子。

　　由于战乱和政治动荡，这批佛经曾经消失于人们的视线之外，"文化大革命"后方在藏经殿内一座夹墙中被发现。此外，大佛寺还藏有795块明清佛经雕板，内容涉及"法华"、"金刚"、"药师"、"七曜"和"华严"诸经。

　　大佛寺保存了西夏大佛殿、明代的藏经殿和佛陀千佛塔等历史建筑。我们颇为惊讶地被告知，张掖博物馆也置身于大佛寺内，所以我们才有幸见到包括佛经和很多染织服饰等文物。但是，看着这么多如此珍贵的文物被安放于陈旧简陋的橱柜中，所有陈列都身处历史建筑或老房子里，而窖外是川流不息、兴高采烈的游人，不由得有些担心。祈望有关部门高度重视这座汇珍藏宝之地，给予坚守岗位的专业工作者更多的支持。

张掖大佛寺一角

张掖大佛寺佛佗千佛塔

十四　张掖丹霞

因武威磨咀子汉墓群的考察活动取消，我们改去了与我们此行目的相关度不高的张掖丹霞地质公园。张掖丹霞地处祁连山北麓，在张掖市的临泽和肃南境内。而张掖正是武威后的下一站。

丹霞地貌如今正是旅游的热点。事实上，它也是一个地质学或相近学科的概念。1928年，矿藏学家冯景兰在粤北仁化县发现了这种"色如渥丹，灿如明霞"的地貌，首先将其定名为"丹霞地貌"。1938年，构造地质学家陈国达称之为"丹霞地形"。1977年，地貌学家曾昭璇把它定为地貌学术语。1983年出版的《地质辞典》收入，并定义为"指厚层、产状平缓、节理发育、铁钙质混合胶结不匀的红色砂砾岩，在差异风化、重力崩塌、侵蚀、溶蚀等综合作用下形成的城堡状、宝塔状、针状、椿状、方山状或峰林状的地形"。这个定义给我们外行以一个模糊但大致可以理解的答案。虽然定义中使用较多的比喻和例举并不是我所喜欢的。我喜欢的是我们的目的地有一个学术名称，而不是旅游公司或政府旅游机构杜撰的名称。

　　进景区要换乘区内的大巴。游客的路线被安排成一个顺时针转的圈,途中有四个"景点"可下车观赏。我去了第一和第二个,都需要攀爬至山顶,方可一览众山小,而第二个景点还相当高且陡。好在有石级和栏杆。栏杆是水泥仿制的"树干",摸上去很粗糙。这里群山起伏、连绵不绝,山头基本上是寸草不生,山谷间有绿意,或为杂草和灌木,而近公路的地方有较高的乔木。由于几乎没有植被,山的纹理较明显,呈波状的条纹,条纹间的颜色对比度较大,灰调的红、橙、蓝、紫、黄、褐都有,变化很丰富。没有阳光的时候,最多也只能用气势宏大这样的词汇来褒扬描述。但只要阳光一投射下来,群山立刻面目大变,一片生气勃勃,恍如仙境,绚烂如霞光万道、如宝石璀璨,让人叹为观止。我幸运地在登上第一个景点时看到了阳光照耀下的境景,在第二个景点又能匆匆一瞥。

　　这种地貌存在于地球上已有二百万年之久,日出日落,在此艰难求生的人们或熟视无睹,最终被当地人或旅游者发现其价值。在没有山清水秀和人文元素的荒漠之地,这"有陡崖的陆相红层地貌"在光影作用下被放大,变为旅游胜地,一方面是人的情感的注入,即所谓"移情";另一方面也是旅游公司和当地政府部门大力推广的成果。

张掖丹霞一号景点　最后的夕阳

张掖丹霞二号景点　长且陡的台阶

十五　黑水城

7月14日

　　张掖至额济纳旗600公里,黑水城在旗政府所在地达来库布镇东南25公里处。我们一早出发,行车八个多小时,于夕阳西下时来到黑水城脚下。由于这里是我们此次西行最重要的目标,大家并没有感到千里跋涉的疲劳,而是充满了好奇与期望。

　　黑水城是现代人窥探西夏王朝和党项人身影的宝地。我主编的《中国古代北方少数民族服饰研究》第五卷是《党项·女真卷》。书中我们使用了黑水城出土的历史图像,如《水月观音》绢画右下角的四个舞乐男子和佛教题材卷轴画中的男女供养人形象。这些图像对于我们的研究而言,其重要性可相匹敌的只有榆林窟中的西夏壁画。可惜如今都被俄国人科兹洛夫席卷而去,与更多的历史文献一起,成了俄罗斯国家艾尔米塔什博物馆的藏品。

　　据《隋书·党项传》《旧唐书·党项传》和《宋史·夏国传》所载,党项是古羌族的一支,汉文献中有"党项羌"之称。其族内又有不同种姓,自成部落,号称党项八部,即"细封氏、费听氏、往利氏、颇超氏、野辞氏、房当氏、米擒氏、拓跋

氏,而拓跋氏最为强盛"。由于成书于 812 年的《元和姓纂》称党项源自"东北蕃"鲜卑族,而且鲜卑族也有一个拓跋部,建立了强大的北魏王朝,在历史上影响很大,所以《辽史》和《金史》都认同此说。西夏王朝的创立者李元昊也称"臣本帝胄,当东晋之末运,创后魏之初基"。但是,有学者提出,《元和姓纂》早已散佚,现存版本是后人据永乐大典及其他文献中的残文钩补而成,且作者"以二十旬而成书援引间有讹谬,但当矜尚门第之时……攀援均所不免",所以并不可靠。另近年出土的《大唐静边州都督西平郡开国公拓跋守寂墓志》称墓主"出自三苗,盖姜姓之别,以字为氏,因地纪号,世雄西平,遂为郡人也"。说明李元昊的祖先并不认为自己的家族源自东北鲜卑。我也举一例,或可证党项非鲜卑之后。鲜卑男性素有髡发之习俗。《后汉书 · 鲜卑传》称鲜卑"言语习俗与乌桓同,唯婚姻先髡发"。历史图像在甘肃高台地埂坡四号墓壁画中也可找到可相印证的形象。然而党项人本来都是"蓬发"或"披发",直到宋明道二年(1033 年)或景祐元年(1034 年)李元昊创立西夏国时,"欲革银、夏旧俗,自秃其发,然后下令国中,令属蕃遵此。三日不从,许众杀之"。如党项乃鲜卑之后裔,则秃发或髡发本是旧俗,推行时何须使用如此严厉残酷的手段。

黑水城是西夏国十二监军司之一的治所,是西夏文明留给今人可以借此想见当年风貌的唯一标本。虽然只剩下断壁颓垣,但其气势和规模仍让来访者心怀敬畏。党项人曾与吐蕃、室韦、吐谷浑以及汉人等多个民族杂居,相互之间有较多的交流影响。唐末宋初,夏州的党项部落首领接受唐宋封授的官职,成为中原政权的藩镇,有的还因立功而被赐姓李(唐朝)和赵(宋代)。即使是西夏立国之君同时又是最迫切要摆脱宋王朝影响的李元昊,在下令秃发、废除唐宋所赐姓氏改用党项姓"嵬名"并创制西夏文字的同时,设立百官制度国家机构还都是依照宋制。西夏王朝时期,黑水城一带曾定居大量人口,虽有牧猎活动,但主要是屯垦造田,进行农业生产。黑水城在大约二百年之久的西夏盛期,不仅是军事要塞,也是一座繁华的城市。

如今黑水城外是沙漠戈壁、少见绿色,城内则遍地砂砾中散落着残瓦碎瓷,碎瓷片有白釉、黑釉、青釉和黄釉,少数还有花纹。同行的年轻人还在地表发现了露出边角的纺织品,扯出来居然有罽、花罗、素罗、绢等不同品种。当地人还说,稍加翻动,连钱币(多残破)、玛瑙珠和铜箭镞也常有发现。黑水城曾是冒险家们觊觎的对象。在科兹洛夫之前,就有俄国人波塔宁和奥布鲁切夫等曾寻找黑水城而未果。1908 年、1909 年和 1926 年,科兹洛夫三次来到黑水城,带走了大量文物。在此期间和之后,又有斯坦因等人到过黑水城。1949 年后,国家文物局和地方文物部门进行过多次清理发掘,但工作做得不是很彻底。如今,此地已成为旅游胜地,每年秋天胡杨树叶子变黄之际,游客更多。旅游部门把怪树林、大同城等与黑水城组合在一起出售联票。而且,我们看到很多民工在修建旅游设施,铺栈道、竖栅栏、补城墙。所以,以后再想做一次清理性发掘是不大可能了。

我们望着黑水城西北角的佛塔,想这应该不是科兹洛夫发现大量绘画、书籍、塑像和人骨架的那座佛塔吧(那似乎应该在城西南角)?据说科兹洛夫破坏了当时城中众多佛塔的八成以上。这几座仍然矗立在城头的,应该算是幸运的。

黑水城之一
远远就看到了复钵形佛塔

黑水城之二   城外有几株胡杨在风中舞动

黑水城之三　城外

BMX
2015.8.7

黑水城之四　走近佛塔

黑水城之五　攻城之阙抑或突围之洞

十六 大同城遗址

7月14日

　　在距黑水城不远的沙砾里，有居延大同城遗址。在一片寂静荒凉中，仅剩断壁数段，长不过十米，高不及两米，却仍能依稀看出它原先由内外两道城墙组成。放眼看去，也还能感受此地凝聚着千余年来战争发起者和抵御者的悲壮。远远地可以看到东一抹西一抹的胡杨树的黄绿色，似乎象征着绝境中的希望。

　　大同城为北周武帝宇文邕始建，唐代中期曾重建。拓拔氏的北魏被高欢和宇文泰分裂为东魏和西魏，后来又先后变成北齐和北周。556年，时为西魏太师安定公的宇文泰卒，十五岁的三子宇文觉继位，年底以岐阳之地封为周王。宇文泰堂弟宇文护辅政，逼魏恭闵帝退位，以宇文觉为帝，国号周，史称北周。数年之中，宇文护连弑三帝，先是退位的拓跋廓，再就是宇文觉，最后是继立的宇文毓。这样，排行第四的宇文邕得以继位。572年，宇文邕亲自用玉珽袭击日益威胁自己的宇文护，在大臣宇文直的帮助下杀死了宇文护。这样他才得以亲政。

　　宇文氏乃鲜卑一支，虽然是少数民族，却是当时各个割据政权中最尊崇儒学的。北周之所以以周为国号，一方面应该是其根据地在关中，宇文觉封地在岐阳，乃故周之地；另一方面是对周代礼制的追慕。在北周政权的建立和发展过程中的两个关键人物宇文泰和宇文邕，都习经好古、尊崇儒家，史称他们"不尚虚饰，凡所设施，皆依仿三代而为之"。宇文邕还曾行视学、养老和乞言之周礼，被誉为"三代以下唯汉明帝和周武帝行之"。北周在宇文邕执政期间，对服制进行厘定："庶民以下，唯所衣绸、绵、丝布、圆绫、纱、绢、绡、葛、布等九种。余悉禁之。朝祭之服，不拘此例。"唐宋间流行的四脚幞头，也始于宇文邕。后汉末，王公卿士以幅巾为雅。用全幅皂而向后襆发，谓之头巾，俗称幞头。578年，宇文邕裁幅巾为四脚，以为常服冠。

宇文邕于577年灭北齐，统一北方，而后梁明帝萧岿入朝称臣。中国自近四百年的分裂与动乱以来，终于面临一个统一的机会。可惜第二年宇文邕病死，时年仅三十六岁。继位者不肖，未能继续他的功业。若非他英年早逝，中国第一个少数民族的大一统政权便不是元朝，杨坚、李渊便无机会在历史大舞台上展示身手，"唐人多胡气"也无从谈起。

居延大同城遗址

十七 怪树林

7月14日

黑水城附近有一大片胡杨林，多高干巨木，其中大半已经枯死多年，形状奇兀。出入黑水城，在路上就可以望到，遂停车相访。当地人称之为怪树林，且称有传奇故事附于其中。说是有一位将军率领军队从城中突围而出，全部战死，死状惨烈，化为枯树成林。

这故事当然只能姑妄言之姑听之，其中或有一些黑水城历史事件的影子。但是，即使在这蓝天白云阳光灿烂的时候，放眼望去满地屈折支离东倒西歪的大树躯干和断枝，仍然令人产生"一将功成万骨枯"的古战场联想。如果处于风雨如晦之时、黄叶飘零之季，人们的观感可能会更加悲不自胜。

此地百年前犹有一片原始胡杨林。胡杨树虽然生命力特别强盛，耐旱耐涝耐盐碱，但20世纪90年代额济纳河（即黑河）上游用水过量，导致地下水位急剧下降，使这里的胡杨林大片死亡。所以，我们面对的这些巨株枯木或许都有百年以上的树龄。胡杨树的树龄一般为二百年，所谓"一千年不死，死后一千年不倒，倒后一千年不朽"未免溢美，其中寄托了人们对它的喜爱。

　　胡杨树能适应干旱大陆性气候,生长于环境恶劣的荒漠地区,极端缺水、温差大、风沙严厉,都会让树形变得奇特,枝干虬曲波折,如李营丘笔下的寒林,会画几笔的朋友们不禁手痒。

　　近年政府通过调水,黑河水量较为充沛,这片胡杨林的情况有所好转。环视四周,不仅远处绿色的小胡杨树有成林之势,而且身边这些老树枯干间也有绿意萌发。

　　胡杨林总是出现在沙漠中有河有水的地方。当丝绸之路在沙漠中蜿蜒时,胡杨林就是途中象征希望的风景和休憩地。

怪树林之一

怪树林之二

十八　新城·果园墓群

　　新城·果园墓群位于酒泉市肃州区西 20 公里果园乡至嘉峪关市区东 18 公里新城镇之间,散布于戈壁上或农田里。整个墓区南北长 80 公里,东西宽 3 公里,有魏晋十六国至唐代之古墓 1400 余座。从 1972 年开始发掘,已经发掘的仅几十座。

　　由于墓区大墓址分散,又地处偏远,离公路有一定距离,大多数就在戈壁滩上,我们分两天分别去了其中的两处。7 月 15 日,我们离开额济那旗博物馆后开车去嘉峪关,途中先去了丁家闸五号墓。我们的车离开公路,在荒滩上绕了点路才找到。7 月 16 日下午,我们离开嘉峪关去瓜州之前,去了新城墓群。

　　丁家闸五号壁画墓是 1977 年发掘的,墓主身份不明,考古工作者推测下葬于距今 1600 年左右的十六国时期。此墓地近酒泉,而酒泉在 405 年至 427 年曾是西凉李暠之都城,附近又有李暠陵,故墓主有可能亦为西凉权贵。此墓规模中等,地表有遍布砾石的封土堆。墓在地下十二米处,顺着长 33 米的斜坡墓道走下去,可进入前后墓室。墓门较低,像我这样身高 1.80 米的人,需要弯腰低头进

去。前室顶部有彩绘复瓣莲花藻井；其下分五层，除绘有神仙圣贤故事外，也有反映墓主宴饮和观看乐舞等生活画面的，用笔飘忽，形象生动。此墓不允许拍照。从丁家闸五号墓室上来，步行去西凉王陵。然后驱车去嘉峪关，出发不久于路边见一水渠，渠中水量甚大、水流颇急。不知丁家闸之"闸"与此渠相关否。

　　16日下午离开嘉峪关去看新城魏晋墓群。此处出土之画像砖俱为一砖一画，尺寸较小，内容多日常生活生产之场景。画风活泼轻松，颇似敦煌佛爷庙湾西晋墓所出土者。两处的画匠应有承继或相互交流影响之关系。近人关良所作戏剧画，其稚拙可爱处，亦颇相类。两者相比，则关良画稍嫌做作。关良风格的画颇受欢迎，学他这一路的人不少，且誉之为"文人画"。文人文人，较之于古代工匠，惟多一些忸怩作态耳。唯此处展出者俱为复制品，原件在嘉峪关博物馆，我们幸好也有眼福细看了一遍。

　　据说，新城・果园墓群的工作人员多为当地居民业余培训后上岗的，导览解说十分认真。在陈列室内，他们将手拓的古砖瓦当拓片出售，拓工不错，价亦不贵，我们选购了一些。

额济那旗沙丘

丁家闸附近水渠

十九　西凉王陵

步行去丁家闸五号墓 800 米,有西凉王陵。

先入眼的是一仿古建筑,不大,仅一层三楹,其貌平平。中一楹为门,较高;两翼略低,各开窗二。门楣上以隶体作"西凉王陵"四字,颇不恶,类汉简。其后有荒丘,平顶高出地面二三米,有入口可达地下墓室。墓道呈坡形,长约七十米,较五号墓为宽。墓室分前后室,前后室的南北西壁各有耳室。墓中几乎空无一物,但尚存壁画依稀可辨。有一处为拱手执笏之官吏,白面有细髭,应是汉人。允许摄影。停留不久便出来。进仿古建筑内,内有展柜或商品柜,陈列物中有墓砖拓片等,俱为实物手拓,拓工亦佳,明码标价,价廉而物美。但所拓之物并非都出土于此墓。选几种购之作纪念。

当地文物部门定墓主为西凉王李暠。李暠(351—417 年),陇西人,字玄盛,《晋书》称他为"汉前将军广之十六世孙"。暠曾祖以下俱仕晋,为当地望族。

公元 4 世纪末,段业为凉州牧,治下敦煌太守沙州刺史孟敏以李暠为效谷县县令(效古县自汉以来属敦煌郡)。此乃李暠从政之始。孟敏死,当地官员和士

人以为李暠"温毅有惠政",推举他为敦煌太守。此时段业已称凉王,改元天玺(399年),借势以暠为敦煌太守。但段业随即反悔,遣索嗣去代替李暠做敦煌太守。李暠抗命,派张邈、宋繇和自己的两个儿子带兵把索嗣打败并赶走了。段业听了李暠和大臣沮渠男臣的话,反而把索嗣杀了。"追李暠为都督凉州以西诸军事镇西将军。"402年,后秦姚兴封李暠为安西将军高昌侯。此时李暠已脱离北凉而归附后秦。三年后李暠把府治所在地从敦煌迁移到酒泉,也是为了更方便与北凉对峙。417年2月,李暠死,谥"武昭王",庙号"太祖"。约三百年后,唐玄宗李隆基追赠李暠为"圣兴皇帝"(因李渊认李暠为先祖)。李暠成为把中国历史上非常有名的两个人李广与李渊联系在一起的节点。但是,李暠自己生前并没有称王,《肃州志》称公元400年建国于西凉,并不十分准确。事实上,他当时只不过是敦煌太守,两年后才被后秦封为高昌侯,史书(如《资治通鉴》)此后提到他才称为"凉公",死后才被谥为"武昭王"。李暠有过改元封世子等类似帝王的举动,也确实建立了一个王国,但名义上仅称侯称公,没有称王称帝。此外,十六国时期的"五凉",即张茂之"前凉"、秃发乌孤之"南凉"、段业之"北凉"、李暠之"西凉"和吕光之"后凉",都是后世史家为了方便叙述而加以区分的,当时都称"凉"或"大凉",并没有前后南北之分。

李暠虽是将门之后,又处战乱之时,却始终保持着文人本色。史书称他"少而好学""好文学""通涉经史",至于"颇习武艺,诵孙吴兵法",是年岁渐长以后的事。他为政宽和,不主杀伐,极少领军亲征。他重视农业生产和教育。他曾手令戒诸子,自述"莅事五年,虽未能息民,然含垢匿瑕,朝为寇仇,夕委心膂,粗免负于新旧,事任公平。作为一个相对弱小的汉族政权,在少数民族强权环伺的情势下做到保境安民,颇为不易。除了设法向远方的东晋政权输忠,他必要时也能妥协,与周边各种势力周旋,委屈求全、息兵安甲、养士务农,从不轻易启隙挑衅。如416年,部下司马索承明劝李暠讨伐河西王蒙逊,暠不允。

　　两晋十六国时期,礼乐崩坏,不同政权内部斗争十分激烈,同室操戈、骨肉相残之例,举不胜举。李暠崇儒,修泮宫,在各郡设五经博士,治内人民生活相对安定,汉人与少数民族相处和谐。他有八子一女,相安无事,他死后也没有发生什么宫廷政变。

　　唐玄宗虽曾在此为李暠大兴土木建造陵园,但千余年后地面建筑已荡然无存。考古发掘前仅存一"土包"。墓中因遭遇两次盗掘,也找不到能证明墓主确切身份的文物。考古界综合各种遗存,比照相关文献记载,才判断这就是李暠之陵,至今也没人提出质疑。李暠在史书记载中着墨不多,除《魏书》和《晋书》中有传,《资治通鉴》在《晋纪》的最后几卷中才有几次出场。读史者很容易忽略他的存在。但如果你来到此地拜谒,回去再补一下课,就会被他的事迹感动。古往今来,有多少英雄人物,于国于民有功,却随风而逝,湮没在历史的尘埃里。李暠于十数年间保河西一方平安,使之成为丝绸之路上的一块绿洲,值得后人尊敬和怀念。读万卷书与行万里路是相辅相成的,信乎。

西凉王陵

二十　嘉峪关

从嘉峪关市去嘉峪关不过数公里。初见之下，果然气势雄伟。是日天朗气清，高大城楼映衬于蓝天白云之下，无愧"天下第一雄关"之誉。嘉峪关始建于明洪武五年（1372年），历时一百六十余年方全部完成。1961年被国务院立为全国第一批重点文物保护单位，相关资料称其"至今保存完好"。但是，身在其中的我，怎么也摆脱不了一种"大戏台"的感觉，不知是四周彩旗飘飘游人如织的气氛造成的幻觉，还是修缮太过的缘故？

但是，站在高高的城墙上，远眺积雪峰顶的祁连山，仍令人心旷神怡。同时，城外有残存的"真正的明城墙"，静静地躺在阳光下，蜿蜒伸向远处。但仔细看可以发现，这段城墙也是经过不同程度的修缮的。远远望去，还可以发现，在城墙北侧约五十米处，有一条与之平行的壕沟的遗痕，原先是为了阻止敌方撞车直抵城下而设的。城墙中段还有个豁口，据说是近年为了修路而破开的。

长城的关隘与丝绸之路相邻而处是发人深思的。两者的作用有一点相悖：丝路是为了往来、为了交流，关隘是为了阻断、为了隔绝。贸易往来、文化交流是

人类的需要,但面对扩张掠夺起而保卫家园也是。

　　关内有嘉峪关长城博物馆,陈列展示的内容比较庞杂。其中的亮点是一批魏晋墓出土的画像砖原件,真所谓粗头乱服逸笔草草,但神情飞扬栩栩如生。其中有不少是描绘射猎、屠宰、耕耘、畜牧和进食等劳动和生活场景的,十分有趣。其中更包括采桑、剪布、晾衣、开箱、彩帛几等与丝绸服饰相关的内容,令我们这一行成员中的染织服饰史研究者们兴奋不已。离开嘉峪关后,又去看了新城魏晋砖壁画博物馆。自嘉峪关至酒泉的 20 多公里的戈壁滩上,共有 1400 余座魏晋壁画砖墓群。其中的历史图像非常丰富,且集中于如此狭小的时空之中,是艺术史和相关专业史研究的宝贵材料。

去嘉峪关途中

祁连山脚下之明长城

祁连山脚下之明长城之二

二十一　敦煌

7月17日

　　7月16日晚宿瓜州。瓜州水资源充足,故气候温润,市场上瓜果蔬菜丰富。原计划17日要去榆林窟、锁阳城遗址和悬置泉遗址,宿敦煌;18日和19日两天将逗留在莫高窟。因为我与云南博物院约好要去做一个讲座,又因为莫高窟和榆林窟我已经去过多次,就决定脱离考察队,由同事苏坤陪伴先回上海。

　　瓜州至敦煌120公里,开车约一个半小时。我们预定了出租车,凌晨五点多一点,天色犹暗,就拿着行李离开旅馆直奔机场。车在戈壁上的公路上疾驰,我在迷糊中仿佛置身于洞窟,眼前跳动着飞天、菩萨和佛的身影,一会儿又浮现莫高窟九层楼的雄姿和榆林窟河谷的清幽。车的一个突然跳动把我惊醒,回头看车后,天际已是红光万道,一轮红日喷薄欲出。等它跃出地平线,就一直跟着我们到了敦煌机场。

　　建敦煌机场的推动力应该主要在于莫高窟的存在。机场距莫高窟较近,离敦煌市区反而较远。莫高窟内本身就有招待所,我夏天和冬天都曾住过,食宿都很方便舒适,比起张大千、常书鸿当年的条件,自然不可作同日语。我的学生们来,有时还可借住在敦煌研究院的宿舍,这是樊锦诗院长照顾清贫学子的苦心。榆林窟要艰苦些,我们进去时需带些蔬菜面条,请食堂师傅帮忙煮一下当午餐。不能留宿。七点我们就到了机场,离起飞还有一个多小时。我坐在候机楼后面停车场的长椅上,望着围栏外的戈壁滩和已经高过树梢的朝日,画了一张草图。接下来顺利登机,并且生平第一次,飞机提早起飞了。

这一次丝路考察,就这样结束了。

嘉峪关新貌

嘉峪关上的杨柳和白杨

榆林窟回忆

新城魏晉墓群之墓室

祁连山远眺

敦煌机场候机楼后面的戈壁

敦煌机场